AF268219

LES

5 MILLIARDS SONT LA!!!

SANS EMPRUNT NI AUGMENTATION DES CHARGES PUBLIQUES

PAR LA SEULE

TRANSFORMATION DE L'IMPOT

PAR VOLLUET - JANIN

Précédé d'un préambule par le docteur BALLARD

———◇◇◇———

DEUXIÈME ÉDITION

———◇◇◇———

LYON

IMPRIMERIE LOUIS PERRIN

Aᵖ. LOUIS PERRIN ET MARINET, Sᵥᶜᶜ.

Rue d'Amboise, 6

—

1871

SOUS PRESSE :

LA VRAIE RÉPUBLIQUE

OU

L'ÉCOLE DU PEUPLE

Sur les réformes politiques et financières

1 VOLUME IN - OCTAVO , DE 500 PAGES

Prix 3 francs pour les souscripteurs, jusqu'au 1er juin,
époque du tirage, et 5 francs passé cette date.

—

ON SOUSCRIT

A Paris,	chez M		libraire, rue	N°
A Lyon,	— M. Ch. Méra,	—	rue de Lyon,	N° 15
A Marseille,	— M	—	rue	N°
A Bordeaux,	— M	—	rue	N°
A Lille,	— M	—	rue	N°
A Nantes,	— M	—	rue	N°
A Metz,	— M	—	rue	N°
A Strasbourg,	— M	—	rue	N°
A Dijon,	— M	—	rue	N°
A Mâcon,	— M	—	rue	N°
A Toulouse,	— M	—	rue	N°
A Montpellier,	— M	—	rue	N°
A Saint-Etienne,	— M	—	rue	N°
A Nancy,	— M	—	rue	N°
A Rouen,	— M	—	rue	N°
A Chambéry,	— M	—	rue	N°
A Tours,	— M	—	rue	N°
A Bourges,	— M	—	rue	N°
A Troyes,	— M	—	rue	N°
A Genève,	— M	—	rue	N₀
A Clermont-Ferrand,	— M	—	rue	N°

Et dans toutes les principales villes de France.

PRÉAMBULE

—

Le hasard a fait tomber sous mes yeux le manuscrit inédit d'un législateur, sans le savoir, penseur inconnu et original, qui touche à toutes les questions devant lesquelles reculent depuis cinquante ans nos hommes d'Etat que chaque tourmente révolutionnaire ramène à la tête de nos gouvernements.

Cet homme, travaillant le jour pour nourrir une famille nombreuse, méditant la nuit sur les problèmes financiers et sociaux que l'on a toujours évité d'aborder franchement ; s'imposant les plus dures privations ; faisant vingt lieues à pieds pour communiquer ses pensées, tantôt à un riche financier qui trouve que tout est pour le mieux dans un monde où il tient le premier rang ; tantôt à un grave personnage qui ne le comprend pas ; tantôt à un fonctionnaire influent pour qui, toucher à un seul des rouages administratifs, serait ébranler l'arche sainte de l'Etat ou compromettre sa position.

Préoccupé moi-même de la manière de rétablir l'équilibre dans le budget dont le premier chapitre est en ce moment une dette publique de vingt-deux milliards, j'ai engagé M. Volluet-Janin à détacher de son œuvre un chapitre qui pût attirer sur lui l'attention du public et de nos hommes d'Etat, et l'aider à publier plus tard tout son travail.

Ce vrai philanthrope, révolté de voir la propriété, le travail et les objets de première nécessité soumis à des impôts et à des taxes auxquels échappent les fortunes les plus considérables ;

Frappé de la complication des moyens employés pour tirer de la terre, qui ne devrait être considérée que comme un instrument de travail ; de l'octroi, dont le poids le plus lourd pèse sur la classe la moins fortunée de la société ; de la patente qui n'est autre chose que la sueur du travailleur, les gouttes qui alimentent le budget.

Il s'est demandé s'il était bien nécessaire de dépenser deux cent vingt millions pour la perception seulement de l'impôt, et le double pour le personnel inutile, employé dans chaque administration sans résultats avantageux pour le travail, et il est arrivé ainsi à la solution de la répartition équitable de l'impôt en doublant les ressources de l'Etat et, complétant son travail par une inspiration patriotique, comment nous pourrions en trois années recouvrer notre liberté d'action contre un ennemi qui n'a pas compris que la générosité qui attache, lui eut été plus favorable que la rançon qui délie, et amortir en vingt années la dette publique, en fermant le grand livre où elle est inscrite.

Je ne puis trop recommander ce travail au public intelligent qui voit avec inquiétude la position financière de la France, à nos législateurs auxquels incombe de chercher un remède à nos désastres avant de chercher leur idéal de souveraineté; à nos gouvernants qui ont le devoir de nous tirer du gouffre de la banqueroute, aussi bien que de l'anarchie des partis.

Ce projet me semble résoudre non-seulement la question financière qui domine en ce moment la situation, mais encore réaliser l'espérance de voir amortir la dette publique dans un délai très rapproché.

Nous en avons besoin si nous voulons rendre à la France le rang qu'elle n'a cessé d'occuper, que par nos discordes civiles, bien plus que par les batailles dans lesquelles le désir de renverser la République l'a toujours emporté sur celui de battre l'ennemi.

Pour bien faire comprendre l'opportunité de la publication des idées financières, politiques et sociales de M. Volluet-Janin, il est nécessaire d'exposer préalablement la situation financière de la France à la veille de la guerre avec la Prusse, ainsi que les charges nouvelles qui pèsent sur elle :

```
Dette française avant l'empire . . . . . . . . . . .  fr.  6,000,000,000
Dettes contractées pendant l'empire.  . .  7,050,000,000
Rançon de paix  . . . .  5,000,000,000
Dép. de la guerre et emprunts  2,000,000,000
Nouveau matériel de guerre.  1,000,000,000
Indemnité aux chemins de fer    300,000,000
Réquisitions non payées  . .    500,000,000
Imp. non perçus dans les dép.
  occupés par l'ennemi  . .    240,000,000
                              ─────────────
                               9,040,000,000
                              ─────────────
Dette totale par l'empire. . . . . . . . . . . . .  16,090,000,000
                                                   ─────────────
                    Total général   fr.   22,090,000,000
```

Voyons en quoi consistent nos ressources :

Dernier budget de la France apuré par la Cour des comptes : recettes 1867.

```
Les 4 impôts directs . . . . . . . . . .  324,875,000
Impôts indirects  . . . . . . . . . .  381,150,000
Enregistrement et timbre. . . . . . . .  434,100,000
Tabacs . . . . . . . . . . . . . . .  247,625,000
Douanes . . . . . . . . . . . . . .  145,775,000
Postes . . . . . . . . . . . . . .   86,425,000
Domaines et forêts de l'Etat . . . . . .   53,325,000
Divers . . . . . . . . . . . . . .  132,850,000
                                   ─────────────
            Total . . . .  fr.  1,806,125,000
```

Dépenses :

	DÉPENSES de 1867.	RECTIFICATION au budget de 1872.	ÉCONOMIES à opérer.
Guerre.	546,350,000	300,000,000	246,350,000
Marine et colonies . . .	221,975,000	200,000,000	21,975,000
Ministère d'Etat	3,050,000	»	3,050,000
Justice et cultes	86,950,000	60,000,000	26,950,000
Affaires étrangères . . .	13,350,000	5,000,000	8,350,000
Intérieur	60,575,000	40,000,000	20,575,000
Finances . . . . . . ,	24,450,000	12,000,000	12,450,000
Instruction publique. . .	22,550,000	30,000,900	»
Travaux publics	169,875,000	159.000,000	10,875,000
Beaux-Arts.	21,250,000	10,000,000	11,250,000
Dotations	47,675,000	»	47,675,000
Perception des impôts . .	219,950,000	150,000,000	69,950,000
Dette publ. pens. can. . .	516,675,000	1,104,500,000	»
TOTAUX . .	1,954,675,000	2,070,500,000	479,450,000

On voit déjà que le budget de 1867 donnait un déficit de 148,550,000 fr.
et celui de 1872 en donnerait un de 264,375,000 fr., malgré des réductions
supposées, s'élevant à fr. 479,450,000. Sans même y faire entrer en compte
l'amortissement, sans lequel une nation est condamnée à l'impuissance et que
se trouverait ainsi réalisée la pensée de M. de Moltke de ne nous laisser ni
une pièce d'or, ni une canne pour nous défendre.

Eh bien ! il faut montrer à ces hommes impitoyables qui ne nous ont accordé
la paix que parce qu'ils étaient dans l'impossibilité de continuer la guerre ; à
ces hommes qui n'ont pas su préférer l'estime et la reconnaissance d'une
grande nation, au désir de l'humilier, il faut leur montrer ce que pourra la
France quand elle sera débarrassée de sa dette et des éléments corrompus qui
nous ont donné pour résultats le gaspillage de nos finances et une myriade
d'hommes sans convictions, sans principes, et sans aucuns sentiments de
leurs devoirs.

La France doit prouver à l'Europe qu'elle n'a besoin que de vouloir pour
payer une dette de *vingt-deux milliards,* et pour faire surgir de son sein trois
millions d'hommes capables de lui imposer une paix durable en tendant la
main aux peuples opprimés et en forçant leurs gouvernements à entrer dans
une fédération pacifique, ce qui sera notre seule vengeance et notre œuvre de
réhabilitation.

Deux moyens sont en présence pour faire face à notre situation financière,
le premier consiste à faire concourir tous les citoyens, sans exceptions, aux
charges de l'Etat, en atteignant toutes les positions sociales, aussi bien le
manœuvre que le capitaliste, le militaire que le religieux, chacun en raison de

ses ressources diverses. Ce système déjà appliqué en Angleterre, moins équitablement, a reçu une solution des plus heureuses par les soins de M. Volluet-Jauin qui a trouvé une série *d'échelles relatives et proportionnelles*, en évitant ce que l'impôt simple, ou l'impôt progressif pouvait offrir de difficultés dans son application.

Le second a été présenté au gouvernement de Tours, qui a préféré rester dans la fatale ornière des emprunts.

La valeur immobilière du sol de la France peut être évaluée au-delà de quatre-vingt milliards de francs. Laissons en trente, tant pour épargner la petite propriété que pour donner aux calculs la vérité dont ils ont besoin et bornons-nous à agir comme si cette estimation devait se réduire à cinquante. Chargeons les propriétaires du sol de prendre à leur compte les cinq milliards de la contribution de guerre, en émettant sur la dixième partie de leurs immeubles, des billets hypothécaires au taux de 3 fr. 65 c. p. 0/0 d'intérêt par an, pour les porteurs de ces billets. Ils auront à payer 182,500 fr., somme légèrement supérieure à l'impôt foncier actuel, mais dont nous rétablirons l'équilibre en dégrevant les propriétés rurales de l'impôt des portes et fenêtres.

Dégrevons alors de l'impôt, le sol que l'on peut considérer comme un instrument de travail, dont nous verrons s'accroître le rendement et la valeur, le propriétaire y trouvera l'avantage de pouvoir se libérer immédiatement, en retirant de la circulation les billets qui représentent son hypothèque, en les plaçant à un taux plus élevé si, comme cela est certain, ils prennent une valeur plus grande, ou même en vendant une parcelle de son domaine. La propriété amoindrie d'un dixième n'aura pas perdu un sou de sa valeur, puisque l'impôt qu'elle payait ne sera plus supporté par elle. On pourrait arriver au même résultat en créant une banque nationale agricole, ayant pour actionnaires tous les propriétaires fonciers de la France pouvant émettre des billets hypothécaires au porteur, pour le huitième de la valeur de leurs immeubles non-hypothéqués déjà, et à autoriser l'Etat à émettre sur leurs biens des billets pour une somme égale à celle qu'ils auraient émis, sans intérêts, mais avec les mêmes privilèges que ceux de la Banque de France et de la manière suivante.

M. X. possède une terre de 100,000 fr., non grevée, ou grevée d'une hypothèque de 20,000 fr. seulement; il reçoit du contrôleur des contributions directes un bulletin constatant sa possession. Il porte ce bulletin à la conservation qui constate qu'elle est libre de toute hypothèque, ou qu'elle est grevée de 20,000 fr.

Dans le premier cas on lui délivre un warant de 100,000 fr.;

Dans le second cas, un warrant de 60,000 fr. seulement pour laisser aux prêteurs ou créanciers un gage double de leurs créances. Ces pièces sont déposées à la banque nationale qui établit pour 25,000 ou pour 15,000 fr. de billets au porteur, à coupures diverses, dont moitié pour le propriétaire et moitié pour l'Etat qui en dispose selon ses besoins. Ces billets auront cours forcé pendant 50 ans. Dans cette dernière combinaison le gouvernement n'aurait aucun intérêt à payer, mais seulement 0 fr. 50 c. p. 0/0 d'amortissement, pour retirer chaque année la cinquantième partie de ses billets de la circulation.

Ces projets seront-ils examinés et que deviendront-ils ? On prétend que celui qui doit sauver nos finances de la banqueroute est déjà trouvé et a reçu l'assentiment du chef de l'Etat. Il consisterait à émettre des obligations semblables à celles des chemins de fer, à 270, rapportant 15 fr. d'intérêt et donnant part à des tirages mensuels de lots, d'un million chacun.

La République avait aboli la loterie, l'empire en a fait la base de ses opérations ; notre nouveau gouvernement voudra-t-il la consacrer par son premier acte d'aministration ? Voudra-t-il même consacrer le monopole financier industriel et commercial de grandes compagnies comme la banque de France, en la rendant maîtresse de nos chemins de fer comme elle l'est de notre crédit ; ce serait introduire dans un *Etat obéré*, un Etat financier indépendant qui achèverait sa ruine en lui imposant ses lois, comme le Crédit foncier a ruiné la propriété en lui imposant un intérêt double de ses revenus, et un amortissement augmenté de 100 p. 0/0 pour les prêts de 50 ans, par le chiffre de 60 centimes pour frais d'administration, ou deux fois la valeur de la terre et quatre fois son revenu.

Hors de là je ne vois que l'impôt que propose M. Volluet-Janin, qui puisse sauver la France par la liquidation de toutes ses dettes.

Laissons le parler.

Dr BALLARD, conseiller général.

Saint-Léger-lès-Mâcon, le 20 mars 1871.

TRANSFORMATION DE L'IMPOT

I

La révolution de 1789 a eu pour principale cause l'inégalité des charges publiques, supportées pour la plus grande part par le peuple, appelé serf. La République, en proclamant l'égalité des citoyens, leur avait imposé le devoir de concourir également aux charges de la nation.

Aujourd'hui la même situation financière s'est reproduite par les priviléges accordés successivement à l'argent et dont il est résulté une nouvelle aristocratie qui ne lèse pas moins les intérêts de la plus grande partie de la nation, en échappant aux charges qui pèsent sur la propriété, les personnes et les objets de première nécessité à la vie humaine.

L'impôt sur le revenu est donc aujourd'hui le seul moyen certain de revenir à l'égalité proclamée par nos pères, en faisant contribuer aux charges de l'État tous les citoyens dans une mesure relative à leurs ressources différentes et en supprimant tous les impôts connus sous le nom de : *cote personnelle, mobilière, portes et fenêtres, foncière, patentes, licences, corvées appelées prestations, régie sur les vins non-vinés, droits de succession appelés mutations, droits de poste aux chevaux, droits de débit des liquides au profit de l'État, droits de navigation,* lesquels doivent être remplacés par un IMPOT UNIQUE relatif aux divers revenus de chaque citoyen et frappant :

        7,508,766 hommes mariés,
          934,023 veufs,
        4,099,166 célibataires,
        1,790,126 veuves,
        4,479,851 filles célibataires,
          265,610 orphelins et émancipés des deux
                  sexes jouissant de leurs droits civils.

Total   .   . 19,074,542

A déduire :

Non imposables 1,159,192

Reste   . 17,915,350 contribuables,

dont 10 millions à peine sont atteints actuellement et 2 millions payant peu devraient payer relativement, tandis que l'impôt est rejeté sur les patentés déjà écrasés de patentes, licences et droits.

Cet impôt aura pour auxiliaires les suivants :

DOMAINES ET FORÊTS DE L'ÉTAT, ENREGISTREMENT, TIMBRES POUR ACTES ET EFFETS DE COMMERCE, TRANSCRIPTION ET CONSERVATION DES HYPOTHÈQUES, DÉSHÉRENCES, PRÊTS HYPOTHÉCAIRES, REMBOURSEMENT DES CHARGES ET OFFICES, TABACS, POSTES, TÉLÉGRAPHIE, DOUANES, DROITS SUR ALCOOLS ET LIQUEURS, DROITS SUR VINS VINÉS AU-DESSUS DE 10°, RACE CANINE, PERMIS DE PÊCHE, PERMIS DE CHASSE MALGRÉ LA CHASSE LIBRE, MONNAIES, BANQUE NATIONALE, ASSURANCES GÉNÉRALES.

II

La difficulté de trouver l'assiette de cet impôt, dont chacun reconnaît la justice et la nécessité, et dont la routine maintient encore les anciens errements, en avait fait éloigner l'application économique et financière.

Ce projet, présenté au gouvernement actuel et au public résout toutes les difficultés qui pourraient s'opposer à son adoption.

Les *échelles ascendantes* et *décroissantes* qui le caractérisent ne laissent rien à désirer sur l'équité de son principe, la facilité de son application et les résultats avantageux pour l'État.

Il est impossible qu'un gouvernement puisse aujourd'hui s'établir et se maintenir en France, sans en consacrer hardiment le principe, les conséquences et les avantages en le mettant à la place des ruines poudreuses de notre ancien système financier.

Ces échelles, basées sur le *système décimal*, ont été établies dans le principe pour une situation financière ordinaire et un *état de paix* ; elles vont graduellement d'unité à dizaine, centaine, mille, ainsi de suite. Chaque échelle porte le qualificatif similaire à la position sociale des contribuables.

III

Echelle des travailleurs non-aisés

Progression ascendante 0 fr. 10 par 100 francs de revenus.

100 fr. de revenu payeront	0 fr. 10 par %	on devra	0 . 10 d'impôt.
200	—	0 . 20	—	0 . 40	—
300	—	0 . 30	—	0 . 90	—
400	—	0 . 40	—	1 . 60	—
500	—	0 . 50	—	2 . 50	—
600	—	0 . 60	—	3 . 60	—
700	—	0 . 70	—	4 . 90	—
800	—	0 . 80	—	6 . 40	—
900	—	0 . 90	—	8 . 10	—
1,000	—	1 . 00	—	10 . 00	—

NOTA. — J'entends par revenus divers, le produit total du capital et du travail.

IV

Echelle des travailleurs aisés

Progression ascendante 0 fr. 05 c. par 100 fr. de revenus.

1,100 fr. de revenu payeront 1 fr. 05 par % ou devra 11 . 55 d'impôt.

2,000	—	1 . 50	—	30 . » —
3,000	—	2 . 00	—	60 . » —
4,000	—	2 . 50	—	100 . » —
5,000	—	3 . 00	—	150 · » —
6,000	—	3 . 50	—	210 . » —
7,000	—	4 . 00	—	280 . » —
8,000	—	4 . 50	—	360 . » —
9,000	—	5 . 00	—	450 . » —
10,000	—	5 . 50	—	550 . » —

La décroissance est de moitié sur l'échelle précédente.

V

Echelle des Citoyens vivant de leurs rentes

Progression ascendante 0 fr. 00,5 millimes par 100 fr. de revenus.

10,100 fr. de revenu payeront 5 fr. 50,5 par % ou devra 556 . 00 d'impôt.

11,000	—	5 . 55	—	610 . 50 —
20,000	—	6 . 00	—	1,200 . » —
30,000	—	6 . 50	—	1,950 . » —
40,000	—	7 . 00	—	2,800 . » —
50,000	—	7 . 50	—	3,750 . » —
60,000	—	8 . 00	—	4,800 . » —
70,000	—	8 . 50	—	5.950 . » —
80,000	—	9 . 00	—	7,200 . » —
90,000	—	9 . 50	—	8,550 . » —
100,000	—	10 . 00	—	10,000 . » —

La décroissance est dix fois plus forte qu'à l'échelle précédente·

VI

Echelle de l'aristocratie territoriale et financière

Progression ascendante 0 fr. 00 c. 05 dix millimes par 100 fr. de revenus.

100,100 fr. de revenu payeront 10 fr. 00,05 par % ou devra 10,040 . 50 d'impôt.

101,000	—	10 . 00,5	—	10,105 . 05 —
110,000	—	10 . 05	—	11,055 . » —

200,100 fr. de revenu payeront 10 fr. 50   par % on devra 21,000 . » d'impôt.
300,000   —   11 . 00   —   33,000 . » —
400,000   —   11 . 50   —   46,000 . » —
500,000   —   12 . 00   —   60,000 . » —
600,000   —   12 . 50   —   75,000 . » —
700,000   —   13 . 00   —   91,000 , » —
800,000   —   13 . 50   —   108,000 . » —
900,000   —   14 . 00   —   126,000 . » —
1,000,000   —   14 . 50   —   145,000 . » —

Décroissance dix fois plus forte qu'à l'échelle précédente.

VII

Echelles des grandes fortunes financières

Progression ascendante 0 fr. 00 c. 005 cent millimes
par 100 fr. de revenus.

1,000,100 fr. de revenu payeront 14 fr. 50,005 par % on devra 145,015 . » d'impôt
1,001,000   —   14 . 50,05   —   145,150 . » —
1,010,000   —   14 . 50,5   —   146,500 . » —
1,100,000   —   14 . 55   —   160,050 . » —
2,000,000   —   15 . 00   —   300,000 . » —
3,000,000   —   15 · 50   —   465,000 . » —
4,000,000   —   16 . 00   —   640,000 . » —
5,000,000   —   16 . 50   —   825,000 . » —
6,000,000   —   17 . 00   —   1,020,000 . » —
7,000,000   —   17 . 50   —   1,225,000 . » —
8,000,000   —   18 . 00   —   1,440,000 . » —
9,000,000   —   18 . 50   —   1,665,000 . » —
10,000,000   —   19 . 00   —   1,900,000 . » —

Décroissance dix fois plus forte qu'à l'échelle qui précède.

Pour ces quatre dernières échelles, les chiffres des revenus intermédiaires aux dizaines, centaines et milles ne sont pas cotés, mais le cotage est facile maintenant que l'on connaît les progressions ascendantes.

Travailleurs divers, en payant cet impôt vous ne devrez plus ni prestations, ni personnelle, ni mobilière, ni portes et fenêtres, ni foncière, ni licences, ni patentes, vous en serez dégagé avec l'État; mais vous aurez toujours des charges d'éclairage et de salubrité publique pour les villes.

Quant aux campagnes, les propriétés rurales seules devront entretenir leurs chemins ruraux.

Aux valeurs *immobilières* et *mobilières réunies*, incomberont au *prorata* de chacune d'elles, les frais d'entretien des chemins vicinaux.

VIII

Budget de la Paix

Tiré de 17,915,350 contribuables, répartis en 63 catégories différentes,
Formant :

L'Impôt relatif au revenu pour fr.	1,921,000,000	. »
Contributions auxiliaires.	874,000,000	. »
Total.	2,795,000,000	. »
Auxiliaires nouveaux à établir . . .	300,000,000	. »
Total général. . . . fr.	3,095,000,000	. »

IX

Quinze autres échelles ascendantes et décroissantes ont été
établies tant pour la LIQUIDATION DE L'IMPOT DE GUERRE qui nous a
été imposé, que pour la LIQUIDATION DE LA DETTE PUBLIQUE.

Aux législateurs de voir auquel des deux ils pensent donner la
préférence dans son application immédiate à la situation du pays.

Impôt de guerre et de liquidation de la dette publique

PREMIÈRE SÉRIE. *Progression ascendante de 0 fr. 20 c.*
par 100 francs de revenus.

100 fr. de revenu payeront 0 fr. 20 par °/₀ on devra 0 . 20 d'impôt.

200	—	0 . 40	—	0 . 80	—
300	—	0 . 60	—	1 . 80	—
400	—	0 . 80	—	3 . 20	—
500	—	1 . 00	—	5 . 00	—

DEUXIÈME SÉRIE. *Progression ascendante 0 fr. 18 c. par 100 francs.*

600 fr. de revenu payeront 1 fr. 18 par °/₀ on devra 7 . 08 d'impôt.

700	—	1 . 36	—	9 . 52	—
800	—	1 . 54	—	12 . 32	—
900	—	1 . 72	—	15 . 48	—
1,000	—	1 . 90	—	19 . 00	—

TROISIÈME SÉRIE. *Progression ascendante 0 fr. 16 c. par 100 francs.*

1,100 fr. de revenu payeront 2 fr. 06 par °/₀ on devra 22 . 66 d'impôt.

1,200	—	2 . 22	—	26 . 64	—
1,300	—	2 . 38	—	30 . 94	—
1,400	—	2 . 54	—	35 . 56	—
1,500	—	2 . 70	—	40 . 50	

QUATRIÈME SÉRIE. *Progression ascendante 0 fr. 14 c. par 100 francs.*

1,600 fr. de revenu payeront	2 fr. 84 par °/₀ on devra	45	.	44	d'impôt.
1,700	—	2	.	98	—	50 . 66 —
1,800	—	3	.	12	—	56 . 16 —
1,900	—	3	.	26	—	61 . 94 —
2,000	—	3	.	40	—	68 . 00 —

CINQUIÈME SÉRIE. *Progression ascendante 0 fr. 12 c. par 100 francs.*

2,100 fr. de revenu payeront	3 fr. 52 par °/₀ on devra	73	.	92	d'impôt.
2,200	—	3	.	64	—	80 . 08 —
2,300	—	3	.	76	—	86 . 48 —
2,400	—	3	.	88	—	93 . 12 —
2,500	—	4	.	00	—	100 . » —

SIXIÈME SÉRIE. *Progression ascendante 0 fr. 10 c. par 100 francs.*

2,600 fr. de revenu payeront	4 fr. 10 par °/₀ on devra	106	.	60	d'impôt.
2,700	—	4	.	20	—	113 . 40 —
2,800	—	4	.	30	—	120 . 40 —
2,900	—	4	.	40	—	127 . 60 —
3,000	—	4	.	50	—	135 . 00 —

SEPTIÈME SÉRIE. *Progression ascendante 0 fr. 08 c. par 100 francs.*

3,100 fr. de revenu payeront	4 fr. 58 par °/₀ on devra	141	.	98	d'impôt.
3,200	—	4	.	66	—	149 . 12 —
3,300	—	4	.	74	—	156 . 42 —
3,400	—	4	.	82	—	163 . 88 —
3,500	—	4	.	90	—	171 . 50 —

HUITIÈME SÉRIE. *Progression ascendante 0 fr. 06 c. par 100 francs.*

3,600 fr. de revenu payeront	4 fr. 96 par °/₀ on devra	178	.	56	d'impôt.
3,700	—	5	.	02	—	185 . 74 —
3,800	—	5	.	08	—	193 . 04 —
3,900	—	5	.	14	—	200 . 46 —
4,000	—	5	.	20	—	208 . » —

NEUVIÈME SÉRIE. *Progression ascendante 0 fr. 04 c. par 100 francs.*

4,100 fr. de revenu payeront	5 fr. 24 par °/₀ on devra	214	.	84	d'impôt.
4,200	—	5	.	28	—	221 . 76 —
4,300	—	5	,	32	—	228 . 76 —
4,000	—	5	.	36	—	235 . 84 —
4,500	—	5	.	40	—	243 . 00 —

DIXIÈME SÉRIE. *Progression ascendante 0 fr. 02 c. par 100 francs.*

4,600 fr. de revenu payeront	5 fr. 42 par °/₀ on devra	249	.	32	d'impôt.
4,700	—	5	.	44	—	255 . 68 —
4,800	—	5	.	46	—	262 . 08 —
4,900	—	5	.	48	—	268 . 52 —
5,000	—	5	.	50	—	275 . » —

Onzième série. *Progression ascendante 0 fr. 01 c. par 100 francs.*

5,100 fr. de revenu payeront	5 fr. 51 par % on devra	281 . 01 d'impôt.			
6,000	—	5 . 60	—	336 . » —
7,000	—	5 . 70	—	399 . » —
8,000	—	5 . 80	—	464 . » —
9,000	—	5 . 90	—	531 . » —
10,000	—	6 . 00	—	600 . » —

Douzième série. *Progression ascendante 0 fr. 00,5 millimes par 100 fr.*

10,100 fr. de revenu payeront	6 fr. 00,5 par % on devra	606 . 50 d'impôt.			
11,000	—	6 . 05	—	665 . » —
20,000	—	6 . 50	—	1,300 . » —
30,000	—	7 . 00	—	2,100 . » —
40,000	—	7 · 50	—	3,000 . » —
50,000	—	8 . 00	—	4,000 . » —

Treizième série. *Progression ascendante 0 fr. 00,3 millimes par 100 fr.*

50,100 fr. de revenu payeront	8 fr. 00,3 par % on devra	4,009 . 50 d'impôt.			
51,000	—	8 . 03	—	4,095 . 30 —
60,000	—	8 . 30	—	4,980 . » —
70,000	—	8 . 60	—	6,020 . » ---
80,000	—	8 . 90	—	7,120 . » —
90,000	—	9 . 20	—	8,280 . » —
100,000	—	9 . 50	—	9,500 . » — •

Quatorzième série. *Progression ascendante 0 fr. 00,05 dix millimes par 100 francs.*

100,100 fr. de revenu payeront	9 fr. 50,05 par % on devra	9,510 . » d'impôt.			
101,000	—	9 . 50,5	—	9,600 . 05 —
110,000	—	9 . 55	—	10,505 . » —
200,000	—	10 . 00	—	20,000 . » —
300,000	—	10 . 50	—	31,500 . » —
400,000	—	11 . 00	—	44,000 . » —
500,000	—	11 . 50	—	57,500 . » —

Quinzième série. *Progression ascendante 0 fr. 00,01 dix millimes par 100 francs.*

500,100 f. de revenu payeront	11 fr. 50,01 par % on devra	57,512 . » d'impôt.			
501,000	—	11 . 50,1	—	57,620 . 01 —
510,000	—	11 . 51	—	58,701 . » —
600,000	—	11 . 60	—	69,600 . » —
700,000	—	11 . 70	—	81,900 . » —
800,000	—	11 . 80	—	94,400 . » —
900,000	—	11 . 90	—	107,100 . » —
1,000,000 et au-dessus	12 . 00	—	120,000 . » —

X.

L'impôt sur le revenu est le plus rationnel, le plus équitable et en même temps de l'application la plus facile, comme on pourra mieux l'apprécier en lisant avec soin mon ouvrage de la *Vraie République, ou l'École du peuple, sur les Réformes politiques et financières.*

Au moyen des tableaux qui précèdent, chacun pourra de suite savoir ce qu'il doit à l'Etat, sachant ce qu'il a gagné, récolté, perçu ou hérité dans son année.

Quant aux imposés, ils seront nombreux et dépasseront le nombre de dix-huit millions, vu que depuis l'âge de vingt ans quiconque gagne ou possède, dans les deux sexes, sera tenu de contribuer aux charges de l'Etat, suivant son *revenu, gain* ou *salaire.*

XI.

Budget des Recettes obligatoires à la liquidation des dettes laissées à la charge de la République française.

Savoir :

Impôt relatif aux revenus divers . . . fr. 2,518,974,150 . »

AUXILIAIRES :

1. Domaines et forêts de l'Etat	60,000,000 . »
2. Enregistrement . . .	130,000,000 . »
3. Timbres pour actes et effets de commerce . .	90,000,000 . »
4. Transcription et conservation des hypothèques	15,000,000 . »
5. Déshérences	10,000,000 . »
6. Prêts hypothécaires .	150,000,000 . »
7. Remb^t des charges et offices	20,000,000 . »
8. Tabacs.	250,000,000 . »
9. Postes	100,000,000 . »
10. Télégraphie	20,000,000 . »

A reporter . . . 845,000,000 . »

2,518,974,150 . »

Reports . . . . 845,000,000 . »

2,518,974,150 . »

11. Douanes . . . . . . 120,000,000 . »
12. Droits sur alcools et li-
    queurs . . . . 40,000,000 . »
13. Droits sur vins vinés au-
    dessus de 10° . . . . 5,000,000 . »
14. Permis de pêche . . . 4,000,000 . »
15. Permis de chasse . . . 10,000,000 . »
16. Monnaies . . . . . 30,000,000 . »
17. Banque nationale . · . 50,000,000 . »
18. Assurances générales . 50,000,000 . »
19. Divers . . . . . . 20,000,000 . »

____

1,174,000,000 . »

Total . . . fr. 2,692,974,150 . »

XII.

Budget des dépenses de la République française

Savoir :

Intérêt 5 °/₀ de la dette publique . . . fr. 1,104,500,000 . »
Guerre . . . . 300,000,000 . »
Marine et colonies . . . . 200,000,000 . »
Justice et cultes . . . . 65,000,000 . »
Affaires étrangères . . . . 10,000,000 . »
Intérieur . . . . 50,000,000 . »
Finances . . . . 15,000,000 . »
Instruction publique et écoles
    spéciales . . . . . . 80,000,000 . »
Travaux publics . . . . . 150,000,000 . »
Beaux-Arts . . . . . . 10,000,000 . »
Représentation nationale . . 10,000,000 . »
Perception des finances . . 110,000,000 . »

____

1,000,000,000 . »

Amortissement de la dette publique . . . . 1,000,000,000 . »
Entretien de 150 mille hommes de troupes en-
    nemies . . . . 109,500,000 . »

____

Total . . . fr. 3,214,000,000 . »

XIII.

Résumé des deux Budgets de la République française.

Savoir :

Budget des recettes. . . . . . . fr. 3,692,974,150 , »

La difficulté que présenterait l'application immédiate des impôts auxiliaires indiqués aux nᵒˢ 6, 7, 16, 17, 18, impose le devoir de les défalquer du budget de 1872
pour fr. . . . . 290,000,000 . »

Il faut aussi y ajouter un vingtième de l'impôt général,
pour les départements *enlevés* 160,000,000 . »

450,000,000 . »

Balance favorable avec le budget
des dépenses. . . . . . . fr. 3,242,974,150 . »

Grever la France de dettes est une triste conduite des affaires de notre génération sordide, que les générations futures auront le droit de récuser, en renonçant au bénéfice d'inventaire.

Chaque génération doit supporter ses charges, mais n'a pas le droit d'en renvoyer aux autres la liquidation.

Nos enfants et leurs descendants auraient une bien mauvaise opinion de nous, s'ils avaient à liquider nos étourderies politiques et nos maladresses financières. Puisque le peuple a de l'inaptitude au vote, développons son instruction et son éducation politique, afin que ses suffrages ne soient plus une cause de ruine pour la France.

XIV.

Fragment tiré du chapitre CÉLIBAT

Le célibat ne repose que sur l'égoïsme et le lucre, qu'il faut sinon détruire, du moins paralyser dans nos mœurs.

Nos institutions nouvelles doivent converger par l'impôt à son anéantissement en favorisant par compensation le mariage et surtout la famille envers laquelle les charges contributives doivent être favorables. Le célibataire n'ayant qu'une fraction personnelle seulement des charges sociales, doit être atteint d'une autre manière, afin qu'il sache que la contribution surélevée sera sa compagne.

Le célibat des deux sexes est anti-social, mais le célibat masculin calculé et égoïste est un crime de lèse-nation, qui mérite d'être frappé dans ses espérances et imposé en compensation aux maux qu'il produit à la société. Il doit, en conséquence, son impôt régulier à l'Etat, jusqu'à l'âge de 30 années seulement, et

de 30 à 40 ans, il devrait payer 50 p. °/° en plus :
de 40 à 50 ans,   —   40   —
de 50 à 60 ans,   —   30   —
de 60 à 70 ans,   —   20   —
de 70 à 80 ans,   —   10   —

Le célibat féminin ne devrait être chargé, dans les mêmes latitudes d'âge, que d'une demi-taxe.

Par contre, les citoyens ou citoyennes ayant deux enfants, n'étant que les continuateurs de la famille, n'auront aucun avantage à retirer de leur position ; mais les contribuables ayant 3 enfants devraient obtenir une réduction de 10 p. °/₀ sur leurs impôts ; ceux en ayant 4 obtiendraient 20 p. °/₀ ;

5   —   30   —
6   —   40   —
7 et au-dessus, 50   —

XV.

Octrois des villes

Les municipalités s'inquiètent à tort comment elles pourraient remplacer les droits d'entrée sur les vins, cidres, poirés, bières ; les grosses viandes, telles que : Bœufs, vaches, veaux, moutons, chèvres, chevreaux, chevaux, mulets, ânes, porcs ; et les légumes, fruits, châtaignes et tous farineux.

Tous ces aliments de première nécessité à la vie humaine ne doivent être assujettis à aucune redevance ni fiscale ni communale ; mais, en compensation, des charges proportionnelles à la population de chaque ville doivent peser sur les :

Agneaux, Venaison, Gibier, Marée, Poissons, Marcassins au lait, la Volaille, les Chocolats, Cafés, Sucres ; les Eaux-de-vie, Kirsch, Rhum, Liqueurs, à un franc par litre ; les Alcools purs, à deux francs par litre, avec décuple droit pour les délinquants.

Sur tous vins vinés au-dessus de 10 degrés ;
Sur les chevaux et voitures de luxe ;
Sur les chiens de chasse et les chiens de rues ;
Sur les parfumeries ;
Sur les mobiliers, suivant leur luxe ;
Sur les maisons, suivant leur importance ;
Sur la personnelle masculine, taxe unique depuis 18 ans ;
Sur la personnelle féminine, demi taxe ;
Sur les ventes diverses à un franc par mille ;
Sur les négociations de banque, à cinquante centimes par mille ;
Sur les honoraires et salaires divers, à cinquante centimes par cent.

Des droits de débit doivent être appliqués au profit seul de la commune sur tous établissements, tels que : hôtels, buffets, estaminets, cafés, auberges, cabarets, gargottes, cambuses, caboulots, caveaux, lupanars, tavernes, buvettes, comptoirs, brasseries au détail, bouillons, crêmeries vendant des liquides vinaires.

Plus ces établissements seront chargés de droits, mieux s'en trouveront les budgets des villes, et à plus bas prix le peuple boira le vin dans son intérieur.

La vente à porte-pôts des liquides par les producteurs ou autres, pour être bus en ménage, doit être tolérée avec *quart de droits* et sévèrement poursuivie en cas de délit de vente sur table ou au canon. C'est cette vente utile qui approvisionne l'ouvrier, ne pouvant faire son emplette chez le marchand en gros ou mieux aux lieux de production.

Faciliter l'aisance à domicile, afin que la famille entière en profite, et charger extra-fort ailleurs, tel est le but des bons administrateurs d'une bonne République.

Tournus (Saône-et-Loire), le 1er mars 1871.

OUVRAGE DU MEME AUTEUR

L A

VRAIE RÉPUBLIQUE

ou

L'École du peuple sur les réformes financières et politiques

APERÇU DU TRAVAIL

Avant-Propos. — LE NATIONALISME SEUL SAUVERA LA FRANCE.

Préface. — LA ROTATION AUTOUR D'UN CERCLE VICIEUX.

	Révolution de 1789.
LES 4 SOEURS	— de 1830.
	— de 1848.
	— de 1870.

NOS RÉFORMES A FAIRE

Instruction primaire, gratuite et obligatoire;

Instruction secondaire gratuite, obtenue au concours sur un seul examen;

Instruction supérieure gratuite, obtenue au concours après deux examens;

Écoles spéciales gratuites, toutes obtenues au concours après trois examens.

POSITIONS SOCIALES

Le célibat interdit dans les professorats passé 30 ans;

Le célibat civil libre;

Le célibat militaire libre;

Le mariage honoré;

La famille respectée et soutenue;

La femme libre dans ses meubles, sous un contrôle hygiénique bi-hebdomadaire;

Les vierges folles supprimées;

Le parc-aux-cerfs nationnal combattu;

Les parasites supprimés, comme nuisibles à la morale et à la société;

La décroissance de l'impôt sur le célibat des deux sexes;

Les religions;

Les ordres religieux.

L'ARMÉE

L'abolition de la conscription ;
Le remplacement militaire toléré, voir comment :
La substitution militaire supprimée :
Les riches ne servant pas et devant servir ;
Plus de faveurs ni exemptions.

LA GENDARMERIE

Ses réformes ;
Sa ligne de conduite moins politique et plus nationale.

LA GARDE NATIONALE

L'admission à 16 ans, par précocité naturelle ;
Les bans par six séries d'appel.

LA LIBRE CIRCULATION DES VINS

LES NOUVEAUX APPELÉS A L'IMPOT SUR LE REVENU

LES CHEMINS DE FER

L'abaissement des tarifs ;
L'uniformité dans les classifications.

LES OCTROIS DES VILLES

Plus de droits d'entrée sur les aliments de première nécessité :
Sur qui et sur quoi on doit reporter ces droits.

TRANSFORMATION DES IMPOTS

Plus de licences ;
Plus de patentes ;
Plus de corvées appelées prestations :
Plus de personnelle ;
Plus de mobilière :
Plus de portes et fenêtres ;
Plus de foncier ;
Plus de droits de poste aux chevaux ;
Plus de droits de navigation ;
Les éclusiers diminués en nombre, et augmentés en salaire.

LES PENSIONS SUR L'ÉTAT

IMPOT RELATIF AU REVENU

Tableau des nombres de contribuables ;
Produit des diverses catégories.

CONVERSION DES TITRES AU PORTEUR

Ou moyens d'être atteints par l'impôt.

IMPOTS DIVERS

Postes et timbre ;
Télégraphie et faveurs aux employés :
Facilités à faire au commerce ;

Papiers timbrés et timbres pour le commerce ;
Droits d'enregistrement ;
Droits de successions ou mutations ;
Transcriptions et conservations des hypothèques ;
Douanes et leurs énormes réformes ;
La régie devant le commerce.

PÊCHE FLUVIALE

Sa liberté et ses amendes.

CHASSE LIBRE ET AVEC PERMIS

PÊCHE MARITIME

ASSURANCES GÉNÉRALES PAR L'ÉTAT

Leurs bénéfices pour le budget et les assurés.

MONNAIES

Leurs titres ;
Leur représentation de notre nationalité ;
Leur acheminement à une monnaie européenne.

LA LIBERTÉ DES CHARGES ET OFFICES

LA LIBERTÉ DE L'IMPRIMERIE ET DE LA LIBRAIRIE

JUGES DE PAIX

COURS ET TRIBUNAUX

CONSEILS DE RÉVISION DE LA LEVÉE EN MASSE

EMPLOI DES BLESSÉS DE LA NATION

PRÉFETS

La réduction de leurs traitements ;
Suppression des sous-préfectures ;
Inspecteurs de statistique.

RECEVEURS GÉNÉRAUX

Réduction des émoluments ;
Suppression des recettes particulières ;
Percepteurs et surnuméraires.

LES PRÊTEURS CLANDESTINS

Moyen de leur faire payer l'impôt.

LES FAILLIS INVOLONTAIRES

BISMARK

JOURNALISME

L'UNIFORMITÉ DES JAUGES POUR LES FUTAILLES

Régularisée par le poids ;

L'UNIFORMITÉ DES MESURES DE TABLE

Dans tous établissements de débits des liquides.

L'ASSOCIATION PHILANTHROPIQUE
CAISSE D'ÉPARGNE SUPPRIMÉE
BANQUE NATIONALE ÉTABLIE

Ses émissions et ses privilèges ;
Ses faveurs aux travailleurs ;
Ses prêts hypothécaires pouvant donner de 100 à 300 millions de
revenu à l'Etat.

CAISSE DE SOLIDARITÉ

Versements obligatoires au dixième de l'impôt effectués annuelle-
ment à la Banque nationale, sous la garantie de l'Etat ;
Répartition proportionnelle annuelle aux personnes tombées, suivant la probité de leurs malheurs, revers ou chutes, afin de les
relever financièrement dans la Société.

PROHIBITION, LIBRE-ÉCHANGE ET PROTECTION

L'antagonisme du Midi avec le Nord :
Solution favorable aux industries françaises et au libre-échange.

MARINE

Sa stricte conservation ;
Son utilité ultérieure.

BANQUE DE FRANCE

Ses privilèges retirés.

HOUILLES, MINERAIS ET MINEURS

Leur participation aux extractions.

LA DISPARITION DES GRÈVES

Plus de guerres ouvrières ;
Leur impuissance par la co-participation.

CONSEILS MUNICIPAUX
CONSEILS CANTONNAUX INSTITUÉS

Suppression des conseils d'arrondissement.

CONSEILS GÉNÉRAUX
ASSEMBLÉE NATIONALE
L'AGITATION PAR LES ÉLECTIONS

Élections partielles tierçales ;
Résumé des trois élections.

ABOLITION DE LA PEINE DE MORT

La vie donnée ou retirée par le créateur.

JURY NATIONAL

Élection de 100 jurés nationaux ;
Ses arrêts suprêmes ;
Épuration sociale.

BUDGET DES ÉCONOMIES A RÉALISER

BUDGET DE LA PAIX

Basé sur 63 catégories de contribuables.

BUDGET DE LA GUERRE

Ou recettes obligatoires à la liquidation des dettes laissées à la charge de la République française.

BUDGET DES DÉPENSES DE LA RÉPUBLIQUE FRANÇAISE

Y compris les intérêts de la dette ;
L'amortissement de cette dette ;
L'entretien de 150,000 hommes de troupes ennemies.

RÉSUMÉ DES DEUX BUDGETS

Balance favorable.

RECENSEMENT GÉNÉRAL DES ENFANTS DE LA NATION
MORTS AU CHAMP D'HONNEUR

Révélations statistiques et financières utiles au peuple français.

QUI DOIT GOUVERNER LA FRANCE ?

Première prétention. Impossible ;

Deuxième prétention. Jamais plus ;

Troisième prétention. N'ayant qu'une seule espérance, qui est le développement social, régner sans gouverner ;

Quatrième prétention. Une absurdité, paralysant les affaires, et faisant retomber la société dans la confusion et le cahos, par la division de ses membres dans leur défaut d'unité nationale ;

Cinquième prétention. Une étoile éphémère pouvant devenir fixe, par le manque de nationalisme d'un grand peuple, ou la prétention du créancier sur son débiteur ;

Dernière prétention. La plus naturelle et la plus légitime, la seule à espérer qui puisse nous conduire au port, sans tempêtes ni naufrages.

FIN.

www.ingramcontent.com/pod-product-compliance
Lightning Source LLC
Chambersburg PA
CBHW051204050726
47594CB00007B/3052